8° F Pièce 6574

AF466480

GOUVERNEMENT GÉNÉRAL DE L'INDOCHINE

DEPOT LEGAL INDOCHINE N° 3834

DIRECTION DE L'INSTRUCTION PUBLIQUE

BIBLIOTHÈQUE NATIONALE RF IMPRIMÉS

ARRÊTÉ DU 30 MARS 1925

portant

règlement de l'Ecole Supérieure d'Agriculture et de Sylviculture de l'Indochine.

HANOI

—

1925

Dépôt légal de 2 exemplaires
effectué par l'I.D.E.O.
le 2 MAI'25 19
(Loi du 29 Juillet 1881, article 3
& arrêté du 21 Janvier 1922.)

GOUVERNEMENT GÉNÉRAL DE L'INDOCHINE

DIRECTION DE L'INSTRUCTION PUBLIQUE

BIBLIOTHÈQUE NATIONALE
R.F.
IMPRIMÉS

ARRÊTÉ DU 30 MARS 1925

portant

règlement de l'Ecole Supérieure d'Agriculture et de Sylviculture de l'Indochine.

Pièce
8° F
6574

HANOI

1925

ARRÊTÉ portant règlement de l'Ecole supérieure d'Agriculture et de Sylviculture de l'Indochine.

1er mars 1925.

RAPPORT

au Gouverneur général de l'Indochine

L'Ecole supérieure d'Agriculture et de Sylviculture de l'Indochine avait pour mission, dans l'esprit de son fondateur, M. le Gouverneur général Alberl Sarraut, de former des techniciens indigènes capables soit de seconder et au besoin de suppléer le personnel européen dse Services agricoles et forestiers, soit d'introduire dans les populations rurales, en qualité d'agriculteurs, les méthodes modernes d'exploitation du sol.

L'enseignement qu'elle a distribué a subi, depuis l'origine, des fluctuations notables dans sa durée et dans sa composition, sans trouver son assiette définitive dans une instruction solide, théorique et pratique à la fois, correspondant exactement au but qui lui était assigné.

A l'expérience il est apparu que cet enseignement devait être remanié et amélioré, tant en vue de donner satisfaction aux services publics que pour relever le renom de l'Ecole aux yeux des indigènes et leur faire ressortir les avantages qu'ils auraient à y envoyer leurs fils.

Le relèvement du niveau de la formation technique et professionnelle des élèves découlera tout d'abord d'une importance plus grande donnée à la matière des cours et aux applications pratiques. Ce résultat sera obtenu en portant à deux années et demie la durée des études proprement dites et en substituant aux cours d'instruction générale, tels que zoologie, botanique, chimie, géologie, un solide enseignement scientifique appliqué, incorporé dans les cours consacrés à l'agriculture et à la sylviculture.

Les études une fois terminées, les élèves ne seront en état de rendre les services qu'on attend d'eux qu'à la condition de suivre une préparation pratique, qui les mettra en contact plus étroit avec la terre et leur permettra, à la fois, de concrétiser l'enseignement suivi et de s'initier à l'organisation et à la conduite des domaines ruraux.

Cette période d'application, au cours de laquelle les élèves devront étudier sur place les principales cultures et les régimes forestiers de l'Indochine et participer aux divers travaux agricoles et forestiers tant en milieu indigène que dans les exploitations européennes, les retiendra au moins pendant neuf mois. Elle sera assurée, pour chacune des sections agricole et forestière, sous la conduite d'un agent européen et se terminera par un examen de fin d'études, dont l'objet sera d'apprécier la mesure dans laquelle les élèves seront aptes à utiliser dans la pratique l'enseignement complet qu'ils auront reçu.

La liaison étroite établie entre la Direction de l'Instruction publique et l'Inspection générale de l'Agriculture, de l'Elevage et des Forêts par la réorganisation de l'Ecole, liaison si nécessaire à divers titres, permettra de constituer et d'alimenter régulièrement un corps de professeurs dont l'École tirera les plus grands bénéfices.

J'ai l'honneur de vous prier de vouloir bien, si vous approuvez ces propositions, revêtir de votre signature le projet d'arrêté ci-annexé.

L'Inspecteur général de l'Agriculture, de l'Elevage et des Forêts,	*Le Directeur de l'Instruction publique,*
YVES HENRY	B. DE LA BROSSE

No 1364

Le Gouverneur général de l'Indochine, Grand Officier de la Légion d'honneur,

Vu les décrets du 20 octobre 1911, portant fixation des pouvoirs du Gouverneur général et organisation administrative et financière de l'Indochine ;

Vu le règlement général de l'Enseignement supérieur du 25 décembre 1918, modifié par l'arrêté du 9 novembre 1921 et les arrêtés subséquents ;

Vu l'arrêté du 31 juillet 1923, réorganisant l'Ecole supérieure d'Agriculture et de Sylviculture ;

Sur les propositions concertées du Directeur de l'Instruction publique et de l'Inspecteur général de l'Agriculture, de l'Elevage et des Forêts,

Arrête :

Article premier. — L'Ecole supérieure d'Agriculture et de Sylviculture de l'Indochine a pour mission de former des techniciens capables d'exploiter rationnellement le domaine agricole et forestier des pays de l'Union.

Les agents techniques des Services agricoles et forestiers sont exclusivement recrutés parmi les élèves diplômés de l'école.

I. — ORGANISATION

Art. 2. — La direction de l'école est assurée par l'Inspecteur général de l'Agriculture, de l'Elevage et des Forêts. Elle comporte la direction de l'école et de ses dépendances, le contrôle de l'enseignement théorique et pratique distribué, tant à l'école de Hanoi que dans les établissements d'application.

Art. 3. — Un Conseil de perfectionnement étudie les améliorations à apporter à l'organisation de l'école et à l'enseignement donné aux élèves.

Il est composé comme suit :

Le Directeur de l'Instruction publique. . .	*président* :
L'Inspecteur général, Directeur de l'école. .	*membres.*
L'Inspecteur chargé du contrôle technique des Services forestiers	
Deux membres des Chambres d'Agriculture : l'un désigné par la Chambre d'Agriculture du Tonkin et du Nord-Annam et la Chambre mixte de Commerce et d'Agriculture de l'Annam, l'autre désigné par la Chambre d'Agriculture de la Cochinchine et la Chambre mixte de Commerce et d'Agriculture du Cambodge.	
L'adjoint au Directeur de l'école	
Deux professeurs de l'école désignés par le Directeur de l'Instruction publique . . .	

Art. 4. — Le personnel européen permanent de l'école et de ses dépendances comprend :

Un adjoint au Directeur, chargé des cours d'Agriculture ;
Un professeur chargé des cours de Sylviculture ;
Un professeur chargé des cours de Sciences naturelles appliquées à l'agriculture ;
Un fonctionnaire du personnel de l'agriculture et un fonctionnaire du personnel forestier, chargés respectivement de l'année d'application agricole ou forestière ;
Un chef des cultures chargé des cultures de l'école et tenu d'assurer sans rétribution spéciale l'enseignement pratique de l'horticulture ;
Un sous-chef des cultures.

Art. 5. — Des agents techniques agricoles ou forestiers et des agents de culture sont détachés à l'Ecole et dans ses dépendances pour servir dans les laboratoires et dans les cultures.

Art. 6. — Le personnel technique indigène permanent comprend:

1° — Pour l'Ecole et les cultures annexes :

3 agents techniques agricoles ou forestiers pour les laboratoires ;
2 agents techniques agricoles ou forestiers pour les cultures ;
2 agents de culture ;
1 dessinateur.

2° — Pour les établissements d'application :

2 agents techniques agricoles ou forestiers.

Des garçons de laboratoires, jardiniers, hommes de peine, dont le nombre est fixé chaque année selon les besoins du service sont affectés à l'école ou aux établissements d'application.

Art. 7. — Le recrutement des élèves de l'école est régi d'après les règles communes aux écoles supérieures de l'Université. Il pourra donner lieu à un concours lorsque le nombre des candidats sera supérieur au nombre des places disponibles.

Les diplômés des écoles pratiques d'agriculture pourront être admis à l'Ecole après un examen probatoire portant sur l'instruction générale et technique, dont les modalités seront fixées ultérieurement par le Directeur de l'Instruction publique.

L'Ecole admet des auditeurs libres européens et indigènes âgés de 18 ans au moins, sous condition que ces candidats possèdent une instruction générale suffisante pour suivre l'enseignement avec profit. Les auditeurs libres ne concourent pas pour l'obtention du diplôme et ne peuvent prétendre au titre de leurs études à l'Ecole d'Agriculture à un emploi administratif. Toutefois, il peut leur être délivré, sur la proposition du Conseil des professeurs et lorsqu'ils ont fait preuve d'une assiduité suffisante, un certificat de scolarité.

II. — ENSEIGNEMENT

Art. 8. — La durée des études à l'École supérieure d'Agriculture et de Sylviculture est fixée à trois années et demie, dont deux années et demie d'études théoriques et pratiques à Hanoi, et une année d'application dans divers établissements publics ou privés de l'Indochine.

L'enseignement est distribué comme suit ;

Première année. — Instruction générale et technique commune.

Deuxième année et *Troisième année* (6 mois) — Instruction technique commune et instruction technique spéciale à chacune des sections agricoles et forestières.

Période d'application (9 mois). — Instruction pratique spéciale à chacune des sections agricoles et forestières dans les stations agricoles spécialisées et les stations forestières, dans des exploitations agricoles, forestières ou industrielles modèles de l'Indochine.

Le programme des matières enseignées est annexé au présent arrêté.

Art. 9. — L'enseignement est donné à l'école par le personnel permanent qui lui est attaché et par des chargés de cours recrutés parmi le personnel technique de l'Indochine,

Art. 10. — La période d'application est effectuée pour chacune des sections agricole et forestière, sous la conduite d'un fonctionnaire technique chargé de la surveillance des élèves ainsi que de leur instruction complémentaire. Ces fonctionnaires n'ont droit à aucune rétribution spéciale ; mais en dehors de leur résidence officielle, sont considérés comme étant en déplacement de service. Au cours de cette période d'application et dans les résidences où ils seront logés, les élèves recevront une allocation mensuelle de 30 piastres pour leur nourriture et leur entretien personnel. En dehors de ces résidences ils percevront une allocation complémentaire égale au montant de l'indemnité de déplacement allouée aux agents techniques de 5e classe.

III. — EXAMENS

Art. 11. — Pour chaque cours et par les soins du professeur les élèves subissent à la fin de chaque trimestre un examen particulier et à la fin de chaque année d'études un examen général portant sur la matière ordinaire du cours. Les examens trimestriels sont rétribués d'après le tarif des cours.

Les examens particuliers ou généraux portant sur les cours qui ne sont pas suivis de travaux pratiques : mathématiques. français, hygiène, sylviculture, économie forestière, économie et législation rurales, règlementation forestière, ne comprennent qu'une épreuve théorique : interrogation ou composition.

Les examens particuliers ou généraux portant sur les cours suivis de travaux pratiques ; agriculture générale, agriculture spéciale, génie rural, technologie agricole, zoologie et microbiologie agricoles, botanique et physiologie végétale, météorologie, essences forestières, technologie forestière, gestion forestière, entomologie et maladies des plantes, élevage des animaux, comprennent une épreuve théorique (interrogation ou composition) et une épreuve pratique.

Les cours d'horticulture, de dessin, d'arpentage et nivellement, de travaux du fer et du bois ne comportent chacun qu'une épreuve pratique qui compte comme examen général.

Art. 12. — La période d'application ne comporte pas d'examens particuliers, mais un examen de fin d'études comprenant quatre épreuves écrites sur les matières suivantes :

a) pour la section agricole :

Agriculture générale et spéciale ;
Génie rural ;
Physiologie et parasitologie végétales ;
Technologie agricole.

b) pour la section forestière :

Sylviculture et essences forestières ;
Génie rural ;
Economie et législation forestières ;
Technologie forestière.

Art. 13. — Les interrogations des examens particuliers ou généraux portent sur trois sujets tirés au sort par l'élève, leur durée est de 20 minutes.

La durée des épreuves écrites ordinaires est de deux heures. Celle des épreuves pratiques est fixée par le Directeur de l'école.

Les épreuves écrites de fin d'études portent sur des sujets choisis par le Directeur de l'école parmi trois sujets proposés par les professeurs intéressés.

Leur durée est de trois heures.

Les notes sont données de 0 à 20.

La note de sortie de chaque élève est établie comme suit :

On calcule respectivement la moyenne de tous ses examens particuliers, la moyenne de tous ses examens généraux et la moyenne de l'examen de fin d'études en donnant pour chaque examen le coefficient 5 aux épreuves théoriques et le coefficient 3 aux épreuves pratiques, puis on fait la moyenne de ces trois moyennes et de la note personnelle du Directeur, avec les coefficients suivants:

Moyenne des examens particuliers.	3
Moyenne des examens généraux	5
Moyenne de l'examen de fin d'études. . . .	5
Note personnelle du Directeur.	3

Art. 14. — Les élèves ayant obtenu une note de sortie égale ou supérieure à 12 reçoivent le diplôme supérieur de l'Université mention : Ecole supérieure d'Agriculture et de Sylviculture signé par le Gouverneur général et contresigné par le Directeur de l'Instruction publique et le Directeur de l'Ecole. Les autres élèves reçoivent un certificat de fin d'études signé du Directeur de l'Instruction publique et du Directeur de l'Ecole

Les majors des sections agricole et forestière accomplissent, s'ils le désirent, leur année de stage règlementaire à l'école.

IV. — DISPOSITIONS TRANSITOIRES

Art. 15. — A titre transitoire les élèves de première année de la période scolaire 1924-25 suivront le nouvel enseignement dès l'origine. A cet effet, ils redoubleront leur première année d'études, mais ils accompliront leur période d'application dans la position de stagiaire prévue au statut des agents techniques agricoles ou forestiers.

Les élèves de 3e année de la période scolaire 1924-1925 pourront être tenus en fin d'études à une période d'application de trois mois.

Le programme des cours de troisième année de la période scolaire 1925-26 est exceptionnellement fixé d'après le tableau annexé au présent arrêté.

Art. 16. — L'arrêté du 31 juillet 1923 portant réorganisation de l'Ecole supérieure d'Agriculture et de Sylviculture est abrogé.

Art. 17. — Le Secrétaire général du Gouvernement général de l'Indochine, le Directeur de l'Instruction publique et l'Inspecteur général de l'Agriculture, de l'Elevage et des Forêts sont chargés, chacun en ce qui le concerne, de l'exécution du présent arrêté, qui sera appliqué dès la période scolaire 1925-1926.

Hanoi, le 30 mars 1925.

M. MERLIN.

Répartition des cours et des travaux pratiques.

MATIÈRES ENSEIGNÉES	1re ANNÉE		2e ANNÉE		3e ANNÉE	
	Cours théoriques	Travaux pratiques	Cours théoriques	Travaux pratiques	Cours théoriques	Travaux pratiques
1° — Cours communs aux sections agricole et forestière.						
Français	60	»	»	»	»	»
Botanique agricole et forestière	30	20	»	»	»	»
Zoologie et microbiologie agricole.	30	10	»	»	»	»
Physiologie végétale . . .	30	20	»	»	»	»
Entomologie et maladies des plantes.	»	»	60	30	»	»
Agriculture générale . . .	65	30	50	20	»	»
Sylviculture générale . . .	40	»	»	»	»	»
Météorologie agricole . . .	30	10	»	»	»	»
Géométrie-trigonométrie . .	15	»	»	»	»	»
Arpentage-nivellement . . .	»	»	10	20	»	»
Dessin appliqué	»	30	»	»	»	»
Dessin industriel.	»	»	»	30	»	15
Travaux du fer et du bois. .	»	30	»	30	»	15
Génie rural	»	»	60	20	55	25
Horticulture	»	30	»	30	»	»
Elevage des animaux . . .	»	»	30	15	20	15
Hygiène rurale	10	»	»	»	»	»
2° — Cours spéciaux à la section agricole.						
Agriculturespéciale. . . .	»	»	»	»	65	20
Technologie agricole . . .	»	»	30	10	20	10
Economie rurale.	»	»	30	»	»	»
Législation rurale	»	»	»	»	15	»
Sériciculture, apiculture, pisciculture.	»	»	»	»	20	10
3° — Cours spéciaux à la section forestière.						
Notions d'agriculture spéciale.	»	»	»	»	10	5
Sylviculture (essences forestières)	»	»	20	15	»	»
Technologie forestière . . .	»	»	»	»	40	20
Economie forestière. . . .	»	»	40	»	»	»
Gestion forestière	»	»	»	»	40	15
Législation forestière . . .	»	»	»	»	30	»

Observations. — Les leçons théoriques sont de une heure. Les séances de travaux pratiques de deux heures.

Les heures consacrées aux examens trimestriels sont comptées en plus des cours et des travaux pratiques et sont rétribuées au même tarif que les heures d'enseignement.

Répartition des cours et travaux pratiques pour la scolarite exceptionnelle 1925-26.

MATIÈRES ENSEIGNÉES	1re ANNÉE		2e ANNÉE		3e ANNÉE	
	Cours théoriques	Travaux pratiques	Cours théoriques	Travaux pratiques	Cours théoriques	Travaux pratiques
Section agricole.						
Agriculture spéciale. . . .	»	»	»	»	65	20
Génie rural	»	»	»	»	55	25
Technologie agricole . . .	»	»	»	»	50	20
Entomologie et maladies des plantes.	»	»	»	»	60	30
Section forestière.						
Entomologie et maladies des plantes.	»	»	»	»	60	30
Sylviculture générale . . .	»	»	»	»	40	»
Sylviculture (essences forestières)	»	»	»	»	20	15
Economie forestière. . . .	»	»	»	»	40	»
Technologie forestière . . .	»	»	»	»	40	20
Gestion forestière	»	»	»	»	40	15
Législation forestière . . .	»	»	»	»	30	»
Agriculture spéciale. . . .	»	»	»	»	10	5

PROGRAMME DE L'ENSEIGNEMENT

1re année.

BOTANIQUE AGRICOLE ET FORESTIÈRE (30 leçons).

Etude des principales familles végétales indochinoises renfermant les principales espèces économiques agricoles et forestières.

Notions de géographie botanique.

Notions de génétique. Individus. Espèces. Variation. Corrélation. Population, lignées pures. Sélection. Hérédité. Hybridité. Mutation.

Travaux pratiques (20 séances).

Etude botanique des plantes citées dans le cours. Détermination de famille des plantes à l'aide de clefs dichotomiques. Excursions botaniques. Constitution d'un herbier.

ZOOLOGIE ET MICROBIOLOGIE AGRICOLE (30 leçons).

Zoologie agricole.

Mammifères : généralités zoologiques, classification, étude des espèces utiles et nuisibles de l'Indochine.

Oiseaux : généralités zoologiques, classification, étude des espèces utiles et nuisibles de l'Indochine.

Reptiles : généralités zoologiques, classification, étude des espèces utiles et nuisibles de l'Indochine.

Batraciens : généralités zoologiques, classification, principales espèces indochinoises.

Poissons : généralités zoologiques, classification, principales espèces indochinoises.

Microbiologie agricole.

Considérations générales sur les microbes. Nécessité et utilité des microbes. Caractères généraux. Classification. Multiplication. Pléomorphisme. Parasites et saprophytes.

Influence des agents physiques sur les microbes : chaleur, température et zône optima. Microbes thermophiles. Destruction des microbes et stérilisation. Lumière. Mobilité des microbes.

Influence des rayons ultra-violets. Electricité. Influence des agents chimiques sur les microbes : milieux nutritifs, sensibilité des microbes aux éléments nutritifs, propriétés chimiotactiques. Microbes aérobies et anaérobies. Pouvoir ferment.

Technique bactériologique : culture pure, coloration des microbes, détermination d'un microorganisme.

Description des principaux groupes : moisissures, ferments alcooliques, ferments acétiques, ferments lactiques, ferments des matières albuminoïdes.

Travaux pratiques (10 séances)

PHYSIOLOGIE VÉGÉTALE (30 leçons).

Eléments constitutifs de la matière vivante. Conditions générales de la nutrition végétale. Absorption par la cellule. Cristalloïdes et colloïdes. — Osmoses et pressions osmotiques — Isotonie des solutions équimoléculaires.

Fonction chlorophyllienne et assimilation du carbone. Chlorophylle et absorption des radiations lumineuses. Assimilation du carbone. Théorie chimique de l'assimilation. Action des agents extérieurs sur le phénomène d'assimilation : lumière, température. Végétaux saprophytes et végétaux parasites. Formation des principes termaires immédiats. Diastases et actions diastasiques. Etude des hydrates de carbone : sucre, amidon, celluloses, gommes, mucilages, principes pectiques. Principes immédiats ne présentant pas la composition des hydrates de carbone : matières grasses, cires, tannins saponines, etc...

Assimilation et élaboration de l'azote par les végétaux. Fixation directe de l'azote gazeux par les végétaux verts : nodosités des légumineuses. Nutrition azotée des végétaux aux dépens de l'ammoniaque gazeux. Nutrition azotée des végétaux aux dépens de l'azote nitrique et de l'azote ammoniacal du sol. Corps azotés d'origine végétale : albuminoïdes, lécithines, enzymes protéolytiques. Amines, acides aminés. Alcaloïdes.

Respiration. Généralités sur le phénomène respiratoire. Constatation du phénomène dans les conditions habituelles. Quotient respiratoire. Théorie de la respiration. Chaleur végétale.

Composition minérale des végétaux Substances minérales des cendres de végétaux. Répartition des divers éléments des cendres dans les divers organes de la plante. Cultures artificielles dans les milieux de composition connue. Rôle physiologique des éléments minéraux.

Rôle de l'eau dans le végétal. Variation de la teneur en eau pendant le développement. Mécanisme de l'ascension et du mouvement de l'eau dans la plante. Transpiration. Sudation. Développement général des végétaux. Marche générale de la végétation dans une plante annuelle. Phénomène d'accroissement et d'évolution chez les plantes vivaces. Maturation des graines et des organes de réserves. Maturation des fruits.

Origine et caractères généraux des fibres végétales, des tannins.

Travaux pratiques et micrographie (20 séances)

Examen de coupes dans les divers membres de la plante.

Etude anatomique des différents types de graines. Etude des réserves et localisation de ces réserves dans la plante (Chaque séance sera précédée d'un petit exposé permettant aux élèves une revision de l'anatomie végétale).

AGRICULTURE GÉNÉRALE (65 leçons).

Etude des sols.

Formation des sols, éléments des sols. Etude des gaz de l'atmosphère et des eaux météoriques. Constitution physique des sols. Relations du sol avec l'eau et l'air au point de vue physique. Relations entre la chaleur solaire et le sol. Analyse physique et mécanique des sols. Constitution chimique de la matière minérale des sols. Constitution chimique de la matière organique des sols. Pouvoir absorbant des sols vis-à-vis des matières fertilisantes. Analyse chimique de la terre arable.

Propriétés biologiques du sol. Importance de l'étude des eaux de drainage. Etude des sols en place — Classification des sols.

Importance de la géologie. Les sols d'Indochine.

Travail du sol.

Défrichement des diverses catégories de terres incultes et leur mise en valeur. Fixation des sols mouvants — Colmatage — Limonage.

Nivellement du sol — Empierrement — Dérochement — Dessouchement Assainissement. Drainage et irrigation. Façons préparatoires : labour, quasi-labour, hersage, roulage. La culture mécanique du sol.

Des assolements. Nouvelles méthodes de culture : dryfarming ; système Jean, système chinois, etc... Apports des matières utiles au sol ; amendements, engrais, culture microbienne.

Semailles et entretien des cultures.

Des semences; qualités, fraudes, sélection. Préparation des semences; protection. Pratique des semailles (graines), plantation des tubercules, semis en pépinière et repiquage. Hersage et roulage des semis.

Sarclage et binage; utilité et pratique. Eclaircissage, démariage, buttage, épandage d'engrais, destruction des plantes et des animaux nuisibles.

Récolte, conservation et vente des produits.

Récolte des céréales, des fourrages, des tubercules et plantes textiles. Préparation des produits; battage, égrenage, etc... conservation des produits. Présentation pour la vente; marque de fabrique, aménagement, pliage, etc...

Travaux pratiques (30 séances).

Ces applications seront faites dans les cultures de l'Ecole et des environs et au laboratoire.

SYLVICULTURE GÉNÉRALE (40 leçons).

Vie de l'arbre en général. — Morphologie externe, internes (feuillus, résineux). — Physiologie, nutrition, reproduction. Forêts et peuplement Définitions — Principales essences forestières; tempérament, longévité, origine, constitution, développement des peuplements naturels et artificiels; consistance, mélange, résultats de l'intervention de l'homme. Les forêts d'Indochine — Statistique forestière — Forêts primitives, forêts secondaires.

Sols forestiers; particularités, couverture morte, tapis végétal, terre végétale, humus. Propriétés physiques et chimique des sols forestiers.

Etudes spéciales et détaillées des futaies, des taillis simples et composés : origine, traitement, phases de leur existence; exploitation, régénération.

Peuplements spéciaux : pins, palétuviers, trams (Cochinchine) bambous.

Divers modes de régime et traitement suivant les produits à obtenir — Produits et sous-produits — Produits principaux, secondaires, accidentels.

Dommages causés aux forêts par l'homme, les animaux, les végétaux, les météores; moyens d'y remédier.

Travaux forestiers : leur utilité, travaux d'entretien, de délimitation, d'amélioration — Pépinières, repeuplements, reboisements — Travaux de défenses contre les incendies, contre les torrents — Fixation des dunes.

MÉTÉOROLOGIE AGRICOLE (30 leçons).

Généralités et historique, importance et rôle de la météorologie en agriculture.

Notions élémentaires de météorologie.

Etudes préliminaires: variations, diagrammes, moyennes. Radiation solaire. Actinométrie. Etude des températures: thermométrie, température du sol, de l'eau, de l'air. Variations diurnes, annuelles. Etude des températures à la surface du globe. Pression atmosphérique : baromètres, variations. Vents : causes, vents réguliers, moussons, brises, etc. — Girouettes, anémomètres. Perturbations de l'atmosphère : tempêtes, orages, typhons, trombes. Cycle de l'eau : évaporation, humidité relative, nébulosité, nuages, phénomènes optiques : météores aqueux : rosée, brouillard, pluie, crachin, etc...

Climatologie : définition et classification des climats. Etude des divers climats d'Extrême-Orient, de l'Indochine en particulier.

Météorologie appliquée à l'agriculture.

Prévision du temps — Avertissements agricoles. Ecologie agricole : influence des divers facteurs météorologiques sur les êtres vivants, animaux et végétaux : importance en zootechnie et en agriculture ; relation, d'une part, entre le climat en général et les divers facteurs météorologiques en particulier et, d'autre part, le cycle biologique des plantes et le rendement de celles-ci ; périodes critiques des plantes par rapport aux divers facteurs météorologiques ; corrélations optima et limites écologiques, importance et rôle de l'écologie agricole, en particulier pour le choix des variétés, l'acclimatation et la génétique.

Stations et services de Météorologie agricole : organisation des stations de Météorologie agricole, organisation internationale de la Météorologie agricole et de l'Ecologie agricole.

Travaux pratiques de météorologie (10 séances).

Ces travaux pratiques ont lieu à Phu-liên.

2e année

I. — Cours communs à la Section agricole et à la Section forestière.

ENTOMOLOGIE AGRICOLE ET MALADIES DES PLANTES (60 leçons).

Entomologie agricole.

Parasites animaux en géné al. Prédateurs. Spoliateurs. Electivité des plantes. Moyens de résistance. Zoocécidies.

Insectes. Caractères généraux, organisation, métamorphose, parthénogénèse. Classification des insectes en ordres et en familles.

Etude par famille des insectes nuisibles aux plantes cultivées en Indochine et de ceux qui n'y existant pas pourraient y être introduits. Insectes auxiliaires de l'agriculture. Moyens généraux de lutte contre les insectes. Insecticides. Mesures préventives. Systèmes de culture. Races résistantes.

Arachnides. Etude sommaire de leurs caractères. Acariens nuisibles aux plantes. Erinoses. Acariens parasites. Vers : étude sommaire de leur organisation. Maladies des plantes dues aux vers. Vers parasites de l'homme et des animaux. Tœnia. Douve. Trichine, etc....

Maladies des plantes.

Maladies non parasitaires. Blessures. Maladies physiologiques. Chlorose.

Champignons Caractères. Principaux groupes de champignons, Etude des maladies provoquées par ces champignons en Indochine. Algues.

Caractères et étude de la maladie produite par le Cephaleuros virescens. Batéries. Caractères et principales affections bactériennes.

Phanérogames. Principales familles des plantes parasites et description des effets causés par ces plantes.

Généralités sur les maladies parasitaires. Caractères généraux des parasites. Caractères généraux des maladies parasitaires. Virulence des parasites, sensibilité des plantes Moyens d'attaque des parasites (spoliation, intoxication, destruction). Moyens de résistance des plantes. Pathogénie. Prophylaxie. La symbiose. Association des bactéries avec les racines des Phanérogames. Nodosités des légumineuses. Association des champignons avec les racines des Phanérogame. Mycorrhises. Les lichens.

Travaux pratiques (30 séances).

Etude pratique des parasites animaux et végétaux des plantes cultivées. Collection d'insectes et de parasites.

AGRICULTURE GÉNÉRALE (50 leçons).

Conditions générales de la production agricole. Influence du climat, du sol, des conditions économiques (main-d'œuvre, milieu ; mœurs des habitants, etc...). Agriculture primitive, production sylvicole, culture fourragère, arboriculture fruitière et industrielle, culture maraîchère, grande culture.

BIBLIOTHÈQUE NATIONALE IMPRIMÉS R.F.

Cultures fourragères.

La production fourragère : choix des pâturages, flore, la question des feux de brousse, aménagement des prairies, irrigation et drainage, enlèvement des plantes nuisibles, récolte de l'herbe, prairies artificielles. Culture des plantes fourragères. Conservation des fourrages.

Arboriculture.

Principales essences fruitières et industrielles. Exigences des arbres fruitiers et industriels : climat, terrain, situation. Procédés de multiplication : semis, bouturage, greffage. Préparation du sol. Plantation : piquetage, creusement des trous, transplantation, tuteurage. Fumures, soins d'entretien, lutte contre les agents de destruction ou de générescence : vent, foudre, coup de soleil, froid, animaux, végétaux. Taille des arbres fruitiers et industriels. Récolte et conservation des produits de l'arboriculture : fruits, stimulants et épices, thé, textile, essences, latex, laque, résine.

Culture maraichère.

Influence du climat, du sol, main-d'œuvre, conditions économiques locales. Aménagement du terrain. Semis. Soins d'entretien.

Récolte et vente Conservation des produits.

Nature des divers engrais.

Comment la plante se nourrit. Amendements calcaires. Fumier. Engrais organiques divers. Engrais verts et compost.

Engrais du commerce azotés. Engrais organiques : sang, cuir, déchets de laine, chiffons, poils, plumes, déchets de poissons. Sulfate et chlorhydrate d'ammoniaque. Nitrates de soude, de potasse et de chaux. Cyanamide. Engrais du commerce phosphatés. Engrais potassique.

Emplois des divers engrais.

Activité comparée des divers engrais. Epandage des engrais, calcul des doses d'engrais. Valeur commerciale des engrais complets du commerce. Les plantes de grande culture et leurs exigences au point de vue de l'engrais.

Travaux pratiques (20 séances).

Ces applications seront faites dans les cultures de l'école et des environs, et au laboratoire.

GÉNIE RURAL (60 leçons).

Notions mécanique et de physique appliquées.

Notions de mécanique : Définitions et principes. Mouvements. Vitesses. Inertie. Forces. Composition et décomposition des mouvements, des vitesses, des accélérations, des forces. Centre de gravité. Couples. Réduction des forces. Forces centripètes, centrifuges. Unités de travail, de puissance, de force. Résistances passives. Frottements.

Travail moteur, travail utile, rendement. Energie : ses formes, ses transformations. Calorie. Machines. Levier, treuil, cric, poulies, plans, plan incliné, vis. Organes des machines. Guides directeurs de mouvements. Transformations des mouvements. Liaisons et transmissions. Dynamométrie.

Notions d'hydraulique : Définitions. Principes d'hydrostatique, d'hydrodynamique et applications, Ecoulement de l'eau sur les déversoirs, par les vannages, dans les tuyaux. dans les canaux découverts. Notions d'électricité : Définitions et principes. Unités. Lois et formules fondamentales. Relations entre les unités mécaniques de travail et de puissance.

Notions de résistance des matériaux : Définitions, traction, compression, flexion, torsion, formules pratiques.

Notions de stabilité des constructions : Définitions. Formules, vérifications graphiques.

Les moteurs et leurs applications.

Divers types de moteurs. Moteurs à vent : types divers, travail fourni. Moteurs hydrauliques : houille blanche, houille verte. Les roues. Les turbines. Rendements. Machines à vapeur. Principes. Générateurs et moteurs : Entretien, conduite, consommation. Moteurs à explosion, principes. Divers types de moteurs. Consommation.

Production de l'énergie électrique. Dynamos à courant continu et à courant alternatif. Transport de l'énergie électrique. Réception et utilisation de l'énergie électrique. Energie mécanique : moteur à courant continu et à courant alternatif. Energie calorifique : éclairage, chauffage. Manèges. Treuils à vapeur et électriques. Tracteurs. Machines à froid.

Manutention. — Transports.

Chèvres. Sapines. Grues. Ponts roulants. Monte-sacs. Engrangeurs.

Elévateurs à godets. Elévateurs pneumatiques. Transporteurs à tablier.

Voies de terre : Véhicules glissants et roulants, voitures, brouette.

Voies de fer : voies doubles, wagonnets, trucks, remorquage. Monorails. Problèmes de traction. Transporteurs aériens. Rendement du transport sur divers terrains : charge remorquée, efforts à exercer.

Voies d'eau. Canaux. Biefs naturels. Amélioration, entretien. Accessoires.

Constructions rurales.

Emplacement des bâtiments, liaisons entre eux, dispositions propres à chacun. Logement des hommes : proportions, ouvertures, agencement intérieur, éclairage, ventilation d'eau, eaux usées. Logement des animaux : surface nécessaire, cube d'air, ventilation service des aliments et de l'eau, nettoyage. Annexes ; fumières, atelier de préparation des aliments. Logement du matériel et ateliers de préparation. Logement des récoltes. Bâtiments industriels. Aménagement d'un village, d'un camp de travailleurs.

Matériaux et exécution des ouvrages.

Fouilles, fondations, résistance des sols. Chaux et ciments. Sables. Mortiers. Béton. Béton armé. Pierres. Briques, tuiles, carreaux. Maçonnerie. Torchis. Enduits. Perrés. Soutènement. Batardeaux. Bois, conservation, débitage, assemblage, résistance. Fontes. Fer. Aciers. Tôles. Travail à froid, à chaud, résistance, trempe. Charpentes. Calcul des éléments, notions sur les chapentes en fer.

Couverture, poids, inclinaison. Plomberie. Tuyaux. Menuiserie. Serrureries. Quincaillerie. Peinture. Vitrerie.

Travaux pratiques (20 leçons).

ÉLEVAGE DES ANIMAUX (30 leçons).

Fonctions économiques des animaux domestiques.

Aptitudes des animaux. Eléments d'estimation de ces aptitudes : poids, dimension ; proportions, caractères accessoires. Contrôle des aptitudes. Rendements en lait, beurre, viande nette, travail, œufs. Précocité.

Individualité. Variations : spontanée, provoquée ; action du milieu, gymnastique fonctionnelle. Hérédité. Races, variétés. Méthodes de production et d'amélioration des animaux. Croisement: continu, industriel. Métissage Sélection. Fixation des types supérieurs.

Lignées pures, livres zootechniques. Alimentation des animaux domestiques : composition des aliments : rôle des aliments, leur valeur relative; relation nutritive. Ration d'entretien, ration de production.

Hygiène. Prophylaxie des maladies contagieuses.

II. — Cours spéciaux à la Section agricole.

TECHNOLOGIE AGRICOLE (30 leçons).

Les principales actions mécaniques, physiques, chimiques et biologiques entechnologie agricole :

Manutention, mesurage, pesage. Nettoyage : lavage, brossage, épierrage, ventilation. Separation : triage, décantation, centrifugation, criblage, filtration, décoloration, clarification. Découpage, concassage, broyage, monture, pulvérisation, râpage, décorticage, désintégration, pelage, dénoyautage, égrenage, dégermage, cuisson, fusion.

Macération, diffusion, décoction, épuisement, dissolution, précipitation, cristallisation, coagulation, concentration, dilution, évaporation, dessiccation, distillation, rectification. Chauffage, rafraîchissement, refroidissement, réfrigération, congélation.

Laminage, pressage.

Neutralisation, alcalinisation, acidification, hydrogénation.

Ensemencement, mutage, stérilisation, pasteurisation.

Boitage, caissage, emballage, silotage.

Agents figurés : moisissures, mucors et ferments. Agents non figurés : diastases. Conditions de milieu. Transformations de matières réalisées par chacun.

Les principales industries indochinoises.

Rizerie : nettoyage, classement, décorticage, triage, blanchiment, glaçage.

Sucrerie : broyage, défécation, évaporation, clarification, cuite, cristallisation, clairçage, turbinage.

Distillerie : saccharification, fermentation, distillation, rectification. Amidonnerie : dégraissage, attaque, broyage, tamissage, épuration.

Glucoserie : saccharification.

Décorticage des graines alimentaires.

Pâtes alimentaires européennes et indigènes : frasage, pétrissage, broyage, filage. Broyage, lavage, tamisage, séchage, empaquetage.

Corps gras : cuisson, stérilisation, pressage, dépulpage, filtration. Broyage, chanffage, épuration, séchage, blanchiment, salage, fonte, clarification, solidification.

Albuminerie, séchage.

Laiterie, beurrerie, fromagerie : décrémage, fermentation, barattage, délaitage, malaxage. Coagulation, moulage, ensemencement, salage, pressage, séchage, maturation, affinage.

Conservation des denrées périssables : cuisson, dessiccation, emploi de matières préservatrices, réfrigération, congélation.

Travaux pratiques (15 séances).

ÉCONOMIE RURALE (30 leçons).

Notions d'économie politique. L'économie politique (objet et définition) — Les besoins, les richesses, la valeur. Les trois facteurs de la production : nature, travail et capital, organisation de la production. L'échange, la monnaie et les systèmes monétaires, la monnaie de papier, le crédit, les banques. Les propriétaires fonciers, les capitalistes rentiers, les salariés, les entrepreneurs et le profit. La consommation, la dépense, la consommation publique et la consommation privée, l'épargne, sociétés coopératives de consommation. Economie rurale.

Rôle de l'agriculture dans la situation économique d'un pays. Facteurs influençant la production agricole ; influence des conditions géographiques, climatériques, naturelles et du milieu social. Rôle de l'état dans la production agricole : sa mission, principales formes de son intervention ; régime foncier, travaux publics, protection douanière, encouragements à l'agriculture, enseignement agricole, services officiels de l'agriculture, rôle de l'état vis-à-vis des associations agricoles diverses.

Propriété foncière : Régime de la propriété foncière en Indochine ; régime des concessions en Indochine, modes de tenure.

Le capital : capitaux fonciers : améliorations foncières, capitaux d'exploitation (mobiliers et circulants), capitaux de réserve. Le travail : le travail et le salaire, travail manuel, travail mécanique, aspects variés du problème de la main-d'œuvre, particulièrement en ce qui concerne l'Indochine.

Utilité des spécialisations.

Combinaisons culturales : monoculture et polyculture, assolements et rotations. Organisation et gestion de l'entreprise agricole ; comptabilité ; estimation et expertise, inventaire, détermination de la combinaison culturale, administration de l'entreprise. Mutualité agricole ; syndicats et coopératives agricoles, sociétés de prévoyance, caisse et banque de crédit agricole ; leur utilité en Indochine.

III — Cours spéciaux à la Section forestière.

SYLVICULTURE (20 leçons).

Etude des essences forestières.

Travaux pratiques (15 séances, 30 séances)

Etude botanique des essences sur échantillons, herbiers, etc.....

ÉCONOMIE FORESTIÈRE (40 leçons).

Utilité des forêts : les produits forestiers. Influence des forêts sur le climat. Les forêts et les sources ; les eaux sauvages. Inconvénients du déboisement, du ray ; le ruissellement et les torrents, leurs dangers. — Forêts de protection. Rôle des forêts dans la mise en valeur des terrains incultes, l'assainissement des régions insalubres. Rôle esthétique des forêts.

Dendrométrie — Cubage des bois sur pied et abattus — Formation du produit forestier : action des forces naturelles, rôle de travail humain. Le capital forestier dans les différents types d'exploitation — Relations entre le capital et le revenu ; estimations et expertises forestières.

Aménagement. Notions préliminaires : définitions, généralités ; utilité des aménagements : coupe libre, coupe méthodique ; règlement d'exploitation ; assiette des coupes, possibilité, fonds de réserve.

Historique des anciennes méthodes forestières — Méthodes actuelles. Exploitations de peuplements, exploitations d'arbres, exploitations mixtes, aménagements de conversion — Application à l'Indochine.

Exploitation commerciale.

Commerce des bois.

3e année.

I. — Cours communs à la Section agricole et à la Section forestière.

GÉNIE RURAL (55 leçons).

Machines de culture et de préparation des récoltes.

Bêches, houes, pioches, pelles, essoucheuses. Charrues : principe, parties constitutives, caractéristiques, liaisons. Charrues diverses.

Cultivateurs. Houes. Herses. Rouleaux. Semoirs. Rayonneurs. Recouvreurs. Qualité et quantité des façons exécutées par les diverses machines. Dynamique.

Récolte des fourrages ; faucheuses, faneuses, râteleuses, rateaux, stackers ; des céréales : faucheuses, moissonneuses, headers ; des tubercules et des racines : arracheuses. Machines à traire. Matériel d'apiculture. Dynamique des diverses machines.

Préparation des fourrages : bottelage, compression, divisions broyage ; des graines : égrenage, nettoyage, classement, aplatissage, concassage, mouture ; des racines et tubercules : nettoyage, division, cuisson de matières diverses : broyeurs à tourteaux et à engrais. Qualité et quantité des travaux exécutés. Dynamique de diverses machines.

Travaux.

Projet, conduite et règlement de travaux : Pièces constitutives d'un projet. Surveillance et conduite des travaux. Règlement des travaux.

Tracé et terrassement ; établissement des projets. Exécution.

Aménagement agricole des eaux.

Cycle de l'eau : pluie, ruissellement, infiltration, évaporation.

Notions d'hydraulique. Perméabilité des sols. Cours d'eau : profils, lit majeur, lit mineur, jaugeages, crues, étiage, régime.

Besoins d'eau, des hommes, des animaux, des cultures. Ressources en eau ; rosés, pluies, cours d'eau, sources, puits, débit d'une nappe. Qualité des eaux, nature, analyse. Purification des eaux potables.

Aménagement des ressources en eaux : réservoir, citerne, captage, barrage, dérivation, fonçage, forage, amenée, adduction, élévation, mise en réserve, distribution. Machines élévatoires. Irrigation. Périmètre dominé, dotation, coefficient. Elément d'un réseau : ouvrage de prise, barrages, stations de pompage, canaux principaux, canaux secondaires, partiteurs, passages. Tracé du réseau. Calcul des éléments. Méthode d'irrigation : submersion, déversement, infiltration, variantes. Règlements d'eau.

Eaux usées, nature, collection, épuration, utilisation. Eaux nuisibles, origine, protection d'un périmètre ; digues, canaux de ceinture, aménagement d'un émissaire. Nature du sol, comportement de l'eau dans le sol. Action d'une tranchée, facteurs, écartement et profondeur, volume à évacuer par hectare et par seconde. Réseaux d'assainissement et de drainage ; directions, pentes et sections des tranchées, débouché du réseau. Relèvement des eaux.

Travaux pratiques (25 séances).

ÉLEVAGE DES ANIMAUX (20 leçons).

Période de la vie des animaux domestiques où leur exploitation est lucrative.

Principales opérations zootechniques : naissance, élevage, production du travail, de la viande, du lait, de la laine, des engrais.

Le troupeau, les parcs, la monte, la castration, la traite, la tonte, la préparation des aliments. L'âge.

Elevage, achat, exploitation, vente des chevaux ; des bovidés ; des suidés ; des ovidés ; des capridés.

Notions sur les maladies et sur les vices.

Travaux pratiques (15 séances).

II. — Cours spéciaux à la Section agricole.

AGRICULTURE SPÉCIALE (65 leçons).

Les plantes de grande culture.

Céréales : riz, maïs, millet, éleusine et sorgho.

A fécule : manioc, arrow-root, taro, igname, sagoutier. Patates.

Légumières : haricots, doliques et ambrevade.

A fruits : oranger, mandarinier, citronnier, pamplemoussier, ananas, manguier, bananier, mangoustanier, papayer, sapotillier, anones.

A stimulants : caféier, théier, cacaoyer.

A épices : poivrier, piment, gingimbre, curcumas, cardamome canelle, vanille.

Oléifères : cocotier, arachide, sésame, ricin, bancoulier, abrasin, camellia, stillingia.

Saccharifères : canne à sucre, morgho, palmier à sucre.

Fourragères : herbe de Para et de Guinée, téosinto, mûrier.

Textiles : cotonnier, jute, kapok, ramie, abaca, agave.

Plante pour sparterie et vannerie. Plante à papier.

Tinctoriales et tannantes : indigotier, palétuvier, cunau, badamier.

A caoutchouc et résine : hévéa, castilloa, ficus, lianes, gutta-percha, balata, copals, gomme-gutte.

A essences et parfums ; badiane, ylang, eucalyptus, citronnelle, benjoin, santal.

A stupéfiants : tabac, opium, arec et bétel.

Médicinales ; quinquina, kola, tamarinier, camphrier.

Travaux pratiques (20 séances)

Ces applications seront faites dans les cultures de l'école et des environs. Elles seront complétées par la visite de plantations proches d'Hanoï.

TECHNOLOGIE AGRICOLE (20 leçons).

Thé : flétrissage, roulage, fermentation, séchage, triage.
Café : dépulpage, séchage, décorticage.
Cacao : séparation, fermentation, lavage, dessiccation.
Poivre : fermentation, décorticage, lavage, séchage.
Tabac : séchage, triage, manecage, fermentation.
Opium : bouillage, crêpage, fermentation.
Teinture : extraction.
Tanin : monture, extraction.
Essences : expression, distillation, macération en solvant gras, dissolution en solvant volatil.
Fibres (coton, kapok, ramie, jute, hibiscus, munu, agave, abaca, coco) : égrenage, pressage. Décortication, dépelliculage, dégommage, rinçage. Dessiccation, rouissage, décortication, cordage. Défibrage, poignage. lustrage.
Soie ; étouffage, battage, dévidage.
Caoutchouc : conservation du latex, coagulation, laminage, lavage, séchage, fumage.
Laque ; décantation. Gomme-laque : déboisement, lavage, criblage, cuisson, filtration.

Travaux pratiques (10 séances).

LÉGISLATION RURALE (15 leçons).

Organisation administrative de l'Indochine.
Liaison entre l'Indochine et la Métropole. Le Gouvernement général et les services généraux, Conseil de Gouvernement. Contrôle financier.
Organisation administrative de chacun des pays de l'Union indochinoise, services locaux, administrations provinciales et municipales.
Organisation financière, impôt, budget général et budgets locaux.
Organisation des Services agricoles, forestiers et vétérinaires,
Législation rurale française telle qu'elle est appliquée, ou applicable en Indochine : baux, contrats, régie et monopoles, servitudes

rurales, mitoyenneté, irrigations, police sanitaire des animaux, législation phytopathologique, répression des fraudes, accidents du travail, chasse,destruction des animaux malfaisants, pêche, etc.

Règlements purement locaux relevant des codes indigènes; Us et coutumes, responsabilité des dégâts causés par les animaux ou les outils abandonnés, police de la circulation sur les voies publiques, servitudes, bornage et clôture, puits, irrigations, main d'œuvre, etc...

Sériciculture — Pisciculture — Aviculture (20 leçons).

Sériciculture.— Le Bombyx mori, son évolution : l'œuf, la larve, ses mues, la chrysalide, le cocon, le papillon. Conditions de milieu, température, humidité, aération, alimenation.

Education des vers-à-soie. Maladies. Incubation, éclosion, soins aux divers âges, montée, décoconnage.

Grainage cellulaire, Sélection.

Apiculture. — Les abeilles : femelles, mâles, ouvrières : anatomie des individus ; leur évolution. Composition d'une colonie ; mœurs : construction, essaimage.

Le rucher : de plein air, couvert ; les ruches : à rayons fixes, à rayons mobiles.

Conduite des ruches, extraction du miel, rendements. Accidents et parasites.

Pisciculture. — Reproduction des poissons. Ponte. Frais. Laitance.

Fécondation. Incubation, conditions de milieu, durée. Eclosion.

Elevage de alevins, alimentation, hygiène.

Aviculture. — Description, existances, milieu. Elevage extensif, industriel; produits à obtenir.

Contrôle des aptitudes: Précocité, rendement.

Alimentation, hygiène, maladies. Chaponnage.

Basse-cour, couvreuses, éleveuses, gaveuses.

Lapins. Description, exigences. Elevage, alimentation, hygiène.

Travaux pratiques (10 séances).

III. — Cours spéciaux à la Section forestière.

Notions d'agriculture spéciale (10 leçons).

Le riz et le maïs. — Le manioc et la patate. — Le caféier et le thé. — Le poivre, la canelle et la vanille. — Le cocotier et l'arachide. — La canne à sucre et les palmiers à sucre. — Les fourrages. — Le coton et le jute. — L'hévéa, l'arec et le bétel.

Travaux pratiques (5 séances).

Visite des cultures et plantations faites par les élèves dans les terrains de l'école à Hanoi.

TECHNOLOGIE FORESTIÈRE (40 leçons).

Etude des bois : propriétés physiques, constitution chimique.
Abatage, débit selon les divers u ages, scieries, vidange et transport.
Conservation des bois. Procédés naturels et artificiels.
Utilisation des bois d'Indochine : bois d'œuvre, bois de feu : charbon de bois : fabrication — Résines et oléo-résines : gommage.
Bois de charpente,pilotis, pour constructions navales. Traverses de chemins de fer, poteaux de mines, charbonnage ; bois pour fabrication de tonneaux pour liquides, de barriques à ciments, d'allumettes, de cercueils, avirons, hélices d'avions, gouvernails, caisses, outils et manches, mortiers et pilons, engrenage, socs de charrue. Bois d'ébénisterie, carrosserie et menuiserie, pour sculture. Tuteurs de poivrières, bois pour pêcheries, pour gravure, de consolidation de berges. Ecorce à tan. Ecorce à tram (Molaleuca). Produits tinctoriaux, produits médicaux.
Bambous, rotins, lui, cunau, laque, stik-lac, gutta-percha, etc..
Distillation des bois : produits de distillation. Produits forestiers pouvant être utilisés dans la fabrication de la pâte à papier.
Visites de réserves et exploitations.

Travaux pratiques (20 séances).

Etudes des bois. Visites d'usines, écoles des arts appliqués, laboratoire d'essais des bois, ateliers de menuiserie et d'ébénisterie.

GESTION FORESTIÈRE (40 leçons).

Organisation du Service forestier. Arrêtés, circulaires, personnel : européen, indigène. Recrutement. Chef de triage, Chef de division, Chef de cantonnement. Chef de service.
Tenue du bureau. Dossiers, circulaires imprimées et manuscrites. Feuilles signalétiques.
Tournées. Réserves forestières. Création. Délimitation, aménagement.
Bâtiments.
Exploitation : exploitation en coupe libre. ex loitation méthodique. Vente des coupes (état d'assiette).
Produits principaux, secondaires, sous-produits. Vérification des produits sortant des coupes libres et des coupes méthodiques. Délivrances gratuites.

Contentieux, procès-verbaux, transaction en nature, en journée de prestation.

Travaux en forêt : ouverture des routes et chemins.

Pépinières : création, entretien.

Reboisement.

Défrichements—Incendies—Droits d'usage—Délivrances gratuites—Concessions — Propriétés — Contrats à long terme.

Comptabilité : recettes, dépenses, tenue des registres.

Allocation de crédits. Justification des dépenses. Statistique.

Pièces périodiques, rapport annuel de gestion.

Expositions, collections cartes et plans — Bibliothèques.

Etudes et notices diverses.

Travaux pratiques (15 séances).

Constitution de dossiers : personnel, réserve, exploitation, aménagement. Etablissement des feuilles signalétiques, pièces périodiques : comptabilité, statistiques, rapports de gestion. Rédaction des procès-verbaux. Vérifications sur placs.

LÉGISLATION FORESTIÈRE (30 leçons)

Organisation et règlementation forestière dans chacun des pays de l'Union indochinoise. — Personnel européen et indigène : hiérarchie, grades et emplois — Services forestiers locaux, cantonnements, divisions, triages.

Domaine forestier : forêts protégées, forêts réservées et cadastrées.

Conditions d'exploitation ; permis de coupe ; classement des essences forestières ; redevances, exonérations, droits d'usage. — Forêts communales et forêts appartenant à des particuliers.

Création de réserve, règles spéciales auxquelles elles sont soumises.

Cahier des charges pour la vente et l'exploitation des coupes méthodiques. Adjudication, marché de gré à gré. Charges du marché.

Conditions d'exploitation et de vidange, dénombrement et enlèvement des produits.

Contentieux. — Procédure et pénalités applicables en matières forestières (décret du 11 juillet 1907), constatation des contraventions et délits ; poursuites ; transactions.

Principaux délits et contraventions : peines et condamnations, exécution des jugements.

Approuvé pour être annexé à l'arrêté n° 1364
en date de ce jour.
Hanoi, le 30 mars 1925.
MERLIN.

R F ... NATIONALE ... IMPRIMES

IMPRIMERIE
D'EXTRÊME-ORIENT
HANOI-HAIPHONG

BIBLIOTHEQUE NATIONALE DE FRANCE

www.ingramcontent.com/pod-product-compliance
Ingram Content Group UK Ltd.
Pitfield, Milton Keynes, MK11 3LW, UK
UKHW020439220726
13923UKWH00005B/2216